ERNESTO CARDENAL

Etwas, das im Himmel wohnt

P H
V

ERNESTO CARDENAL
Etwas, das im Himmel wohnt

Neue Gedichte

Aus dem Spanischen von Lutz Kliche

Peter Hammer Verlag

Inhalt

Das Handy

Du sprichst in dein Handy
und redest und redest
und lachst in dein Handy
und weißt nicht, wie es gemacht wurde,
viel weniger noch, wie es funktioniert
aber was macht das schon
      schlimm ist, dass du nicht weißt
      wie auch ich nicht wusste
      dass im Kongo viele sterben
            Tausende und Abertausende
            sterben im Kongo
            wegen dieses Handys.
In seinen Bergen gibt es Coltan
            (außer Gold und Diamanten)
das man für die Kondensatoren braucht
der Mobiltelefone.
            Um die Kontrolle über die Mineralien
            führen multinationale Konzerne
            einen endlosen Krieg.

5 Millionen Tote in 15 Jahren
und sie wollen nicht, dass die Welt davon erfährt.
Ein unermesslich reiches Land
mit einer ungeheuer armen Bevölkerung.
80 % der Weltreserven an Coltan
befinden sich im Kongo.
Dort liegt das Coltan schon
seit drei Milliarden Jahren.
Nokia, Motorola, Compaq, Sony
kaufen das Coltan
und auch das Pentagon und auch
die Corporation, der die New York Times gehört
und sie wollen nicht, dass die Welt davon erfährt
und auch nicht, dass dieser Krieg beendet wird
damit sie weiter das Coltan rauben können.
Kinder zwischen 7 und 10 Jahren schürfen das Coltan
weil ihre kleinen Körper
gut in die kleinen Löcher passen
für 25 Cents pro Tag
und es sterben haufenweise Kinder
durch den Coltan-Staub
oder beim Hauen des Gesteins
das auf sie niederfällt.
Auch die New York Times
will nicht, dass die Welt davon erfährt
und so kommt es, dass man nicht erfährt

von diesem organisierten Verbrechen
der multinationalen Konzerne.
     Die Bibel setzt sie gleich
     Gerechtigkeit und Wahrheit
     und die Liebe und die Wahrheit
so wichtig also, diese Wahrheit
     die uns freimachen wird
auch die Wahrheit über das Coltan
Coltan in deinem Handy
in das du sprichst und sprichst
     und in dein Handy lachst.

Die Plünderung des irakischen Nationalmuseums

Ich war in diesem Museum
    das war vor Saddam Hussein
  und dachte daran, ein Gedicht zu schreiben
weil es als einziges Museum der Welt
die ganze Menschheit umfasste
von den Jägern und Sammlern bis heute
Ich nahm einen Katalog mit, den ich immer noch besitze
das einzige Museum über die menschliche Evolution
    das nun geplündert wurde
        und nicht mehr existiert
Wir wollen es in unserer Vorstellung durchwandern:
Das erste Stück war ein Stein
nur ganz wenig behauen
Skelette von Neandertalern, die hier lebten
    und vom Höhlenmenschen
      Jäger und Sammler die
Tiere zähmten
    Gerste Weizen Linsen säten

primitiver Pflug und die ersten Räder
(im Katalog)
die üppige Schönheit der Muttergöttinnen
Brüste und Hinterbacken
das erste bearbeitete Metall
die ersten Tempel
Die Geschichte beginnt mit den Sumerern
die erste Zivilisation der Welt
die geheimnisvollen Sumerer

man weiß nicht, woher sie kamen
ihre uralten Mythen gelangten bis in die Bibel
und dann, zu Gottes Wort geworden,
bis zu uns
die erste Kultur, die wir kennen
Irak als Wiege der Menschheit
Wiege der Schrift und der Städte
die Mathematik die Medizin die Astronomie
der Handel Rechtsanwälte Zimmerleute Goldschmiede
Grundsteuer Streitkräfte
Europa noch im Nebel
100 000 Jahre gibt es die menschliche Art
und nur 10 000 gab es Zivilisation
die in Mesopotamien begann
wo es den ersten Gesetzeskodex gab
und zum ersten Mal die Sterne erforscht wurden
wo es die erste Schrift der Welt gab
die dann zur Keilschrift wurde und bald

der anderen, zweiten Großmacht übermittelt wurde
der am Nil
Die erste Schrift waren Zeichnungen
jemand sah, dass er mit Schlamm malen konnte
dem Schlamm, von dem es dort mehr als genug gibt
(Schlamm, mit dem sie die Lehmziegel erfanden
die wir heute noch gebrauchen)
und so sind die ältesten Texte der Welt

aus Ton
Der Schreiber über seine Tontafel gebeugt
notiert die Schekel Minen Talente
das Gebären der Schafe und die Bewegungen der Gestirne
Tausende und Abertausende von Tontafeln
Schreiben wurde zur Sucht
Tafeln in den Ruinen von Büchereien
uralten Büchereien
der Autor ist vergessen
doch sein Werk ist erhalten geblieben
die Tontafel
mit der Schöpfungsgeschichte in Keilschrift
und der Sintflut, von der die Bibel erzählt
Das erste menschliche Gesicht in der Kunst
(»Im Irak kann man zu allem das erste sagen«)
der erste Gesetzgeber
abgeschafft das Gesetz der Vergeltung
2 000 Jahre vor Christus

und dass

»der Starke nicht den Schwachen unterdrücke
noch das Waisenkind Beute des Reichen werde«
steht auf hartem Diorit
oder auf Ton: »die Witwen und Waisen beschützen«
auch, wie man sich gegenseitig behandeln sollte
»Lüge und Unterdrückung waren ihnen ein Gräuel«
Doch nicht nur die Geschichte des Irak
60 000 Jahre
Menschheitsgeschichte wurden geplündert
die Ausstellungsräume des Museums wurden geleert
das Pentagon hatte sie zu schützen versprochen
Werkzeuge vom Beginn der Landwirtschaft
die erste Töpferei (hässlich und von Hand geformt)
die feinen Linien zylindrischer Stempel
alles liebevoll im Katalog dokumentiert
Ton Metall Knochen Holz Glas Alabaster
von der Vorgeschichte bis zu unseren Tagen der
Alphabetisierung im Fernsehen und Computer mit Arabisch
vom Goldschmuck der Sumerer
(Leier aus reinem Gold mit scheuen Hirschen)
bis zu Glas und Manuskripten aus Persien
Dokumente der Geschichte der Völker
Staaten Reiche Zivilisationen
ein Oberschüler kann sie aufzählen
Sumerer Akkadier Babylonier Assyrer
Perser Griechen Parter Juden Araber

zerstört 10 000 Jahre Geschichte
und ein Jahrhundert der Forschung
Die Archäologen hatten das Pentagon gewarnt
Die Vereinigten Staaten hätten die Plünderung aufhalten können
  drei Tage dauernden Raubs
   die Marines standen 100 Schritt entfernt
    und sahen reglos zu
     (Das ist eine Übertreibung

sagte den Reportern der Verteidigungsminister)
doch das Ölministerium beschützten sie sehr wohl
die Nationalbibliothek brannte zwei Tage lang
  so sollte der Irak gedemütigt werden
   unterworfen werden den USA
   und ihren Marionetten in Bagdad
wie die Plünderung Bagdads durch die Mongolen
  ein Angriff auf die nationale Identität
  und 7 000 Jahre Kulturgeschichte
Regal auf Regal wurden umgeworfen
  Statuen Amphoren Krüge der Assyrer
  Babylonier Sumerer Perser Griechen
  der 5 000 jährige Marmorsockel
der alle Belagerungen Bagdads überstand
doch nicht die »Befreiung« durch Bush
60 000 Jahre Menschheitsgeschichte
Die Zeit reichte nicht, das ganze Museum zu sehen
    das man nicht mehr sehen wird
14 000 Ausstellungsstücke die nicht mehr sind oder

zerstört sind zertreten auf dem Boden
        alles nur wegen des Öls
            »Sehen Sie hier« (ein Stück Keramik)
                »dies war assyrisch«
die einzige vollständige Sammlung der Menschheitsgeschichte
            verloren wegen der Marines
                    Stücke, die so wertvoll waren, dass keine
                    Versicherung sie versichern wollte
das Geplünderte in Autos und Lastwagen weggefahren

unter den Augen der US-Truppen
jetzt vielleicht in Antiquitätenläden
vielleicht als Weihnachtsgeschenk gekauft
Souvenirs und Dekorationsstücke
oder zu bekannt um bei Aktionen aufzutauchen
doch als Sicherheit gegeben beim Drogenhandel
oder im Tresor irgendeiner Bank versteckt
        Und werden nicht mehr zu sehen sein.

Humboldt

Im Schlossgarten spielen zwei Kinder
da kommt ein alter Mann
die beiden Hände zittrig auf den Stock gestützt
»Und wenn ihr groß seid, werdet ihr dann Soldaten?«
Es ist Friedrich der Große
Er und sein kleiner Bruder schütteln den Kopf
sagen NEIN
»Ich will reisen und die Welt sehen.«
Der kleine Alexander von Humboldt mit 8 Jahren

Auf einem Balkon im vierten Stock
mit Blick auf die Seine in der Nähe der Pont Neuf
erinnert er sich an seine erste Ankunft in Amerika
Cumaná
neue Gerüche und neue Farben
die riesigen Blätter der Bananenstauden und Palmen
sogar die Sterne noch waren ganz anders
strahlten in den Tropen stärker als in Europa

zum ersten Mal das Kreuz des Südens
statt des Polarsterns
        Auch das Hässliche Amerikas
die erste Auktion von Sklaven
        zwischen 12 und 20 Jahren
mit glänzender schwarzer Haut
der Glanz mit Kokosmilch hervorgebracht
                die weißen Zähne
so genau untersucht wie auf dem Pferdemarkt
        einige werden noch mit dem Eisen gebrannt
doch sonntags tanzen sie die ganze Nacht
        zu monotoner Gitarre
festliche Feuer von den Schwarzen entzündet
ihr Rauch zieht über die Palmen
und färbt den Mond rot
und auf dem Boden die Glühwürmchen
                der Himmel von Sternen übersät

Jetzt auf dem Balkon mit dem Blick auf die Seine
erhält er Nachrichten von Bolívar
und er erinnert sich an jenen jungen Mann von 20 Jahren
        mit schwarzem Schopf und glänzenden Augen
        im Salon von Fanny de Villars
als er aus Amerika zurückkehrte
der ihn nach der Unabhängigkeit der Länder fragte
die er erforscht hatte
und er antwortete: »Die Frucht ist reif

doch sehe ich niemanden, der dazu in der Lage wäre«
　　　　Zunächst kam er ihm oberflächlich vor
nie hätte er gedacht, dass er die Unabhängigkeit anführen würde
doch dieser Bursche vollbrachte das Wunder

Wie er jetzt vom Balkon auf die Seine schaut
in der Nähe der Pont Neuf
　　　　　　　　　gegenüber vom Hotel des Monnaies
　　　　denkt er an den Orinoco
Schwärme von Kaimanen
ganz dicht gedrängt, ohne sich umeinander zu kümmern
　　　　　kleine Boote mit Segeln, die langsam
　　　　　　　　den Orinoco hinauffuhren
der Regen kurz vor dem Sonnenaufgang
und noch davor die Schwalben dicht über dem Wasser
Schwärme bunter Papageien
verfolgt von kleinen Raubvögeln
　　　　　Die Nacht voller Meteoriten
　　　　　mit leuchtendem Schweif
Die Welt, nach der er sich als Kind schon sehnte
und jetzt als alter Mann wiedersehen wollte

Der lange Einbaum voller Jaguarfelle
und seine Quadranten Sextanten Chronometer
Barometer Grafometer Thermometer
　　　　　und Affen und Tukane
Ein Mann, der mit seinen Brüsten säugte

der Kuhbaum, der Milch gibt wie eine Kuh
    und die Otomaken, die Erde essen
    große Klumpen Erde
        Wohlschmeckend die Pirañas
      und der Kaiman sehr köstlich
Eine Sandbank voller Löffelreiher, Flamingos und Reiher
so dicht gedrängt, dass sie so aussehen, als könnten sie sich nicht
                              rühren

Vogelschwärme wie schwarze Wolken
Wasserschweine, die neben dem Boot planschen
und Süßwasserdelphine, die sie im Spiel begleiten
    Weiter entfernt dösen Kaimane in der Sonne
    die Schuppenschwänze übereinandergelegt
    die Reiher laufen über sie
        als seien sie Baumstämme

Alles ruhig bis Mitternacht
dann plötzlich Jaguar- und Pumabrüllen
das Grunzen des Nabelschweins, der Ruf des Faultiers
das Kreischen des Currasow und des Parracua
und der Hund versteckt sich schnell unter der Hängematte
ein Augenblick der Stille, dann wieder das Geschrei
»sie feiern den Mond«, wie die Indianer sagen.

Der Franzose, der seine Sprache verlernt hatte
er verließ sein Land vor 40 Jahren
und wusste nichts von der Revolution in Frankreich

Und die entsetzliche Zahl von Mücken
deren Rüssel wie Nadeln durch die Kleider stechen
Man redete vom El Dorado, das in der Nähe sein sollte
und die große Stadt Manoa
und die Region der Frauen ohne Männer

Der Fluss so wie die Seine beim Louvre
der Abend frisch und ruhig
die Sterne so sanft
Tausende Insekten, rötlich schimmernd
und am Boden die silberfarbenen Glühwürmchen
Duft von Vanille und Girlanden von Begonien
oben auf den Hügeln wiegen sich die Palmen
Die Frauen brachten Chicha
und dann waren alle betrunken
Rote Farbe ihr einziges Kleid
Im selben Zustand, wie sie Kolumbus fand
alle Stämme mit traurigem Blick

Das Jaguarweibchen nah beim Lager
bringt seine Jungen zum Trinken an den Fluss
die Jungen maunzen wie die Katzen
die zwei hübschen kleinen Affen
mit pechschwarzem Haar
im Wipfel eines Baums

Ein ganzer Stamm verschwunden
seine Sprache versteht niemand mehr
nur ein alter Papagei kann sie noch sprechen

Die Einsamkeit der Nächte ohne Menschen
Die Farne wurden spärlicher
der dunklen Gegenden und feuchten Schatten
und häufiger jetzt die Palmen
zahlreicher jetzt die großen Schmetterlinge
        das klagende Geheul der Brüllaffen
        die den Gewittersturm ankündigen
        ihr grünbläuliches Gesicht
        ganz voller Haare, wenig Antlitz
        doch viel Menschlichkeit im Blick

In 100 Meilen Umkreis
                keine Menschenseele
                Kochbananen Reis und Maniok
                unsere einzige Nahrung
stechende Insekten verdunkelten den Himmel
        doch so gewöhnt ans Klima
als wär ich nie in Europa gewesen
        ich bin für die Tropen geboren
Der Rio Negro so lang wie die Donau
mit grünen Steinen gegen das Fieber
und die Schlangenbisse
wir aßen Maniokbrot und geröstete Ameisen

drei Nächte fast ganz ohne Schlaf warteten wir darauf
dass ein Stern über den Meridian zog
    ohne Sonne ohne Mond ohne Sterne
    Landschaften von Tizian und Poussin
      Kahle Felsen
mit großen Leguanen voller dicker Schuppen
und starr sitzender Eidechsen und Salamander
den Kopf erhoben und das Maul geöffnet
die Luft genussvoll atmend

Ein Indio in unserem Einbaum
sagt durch den Dolmetscher
das Fleisch des Momanimoda
sei genauso köstlich wie vom Menschen

    Fast am Ende des Casiquiare
    wo der Orinoco sich teilt
    hinter den Nebelschleiern
    blitzende Sternschnuppen
    Urin der Sterne für die Indios
      und der Tau ihr Speichel
Um Mitternacht sagten die Indios
man höre das Brüllen des Jaguars
in den Wipfeln der nahen Bäume
    und der Hund unter den Hängematten

Die große Zahl indianischer Rassen
        alle frei
                    sich selbst regierend
Die Kariben mit Anatto bemalt
und Traurigkeit in ihrem Blick
doch kalt und herablassend
wie hochgestellte Leute in Europa

        Verloren beinah alle Hoffnung
        dass meine Briefe ankommen

Die Stiche im Gesicht und an den Händen
ohne jagen zu können, weil das Pulver feucht war
weil das Holz feucht war ohne kochen zu können
schlimmer noch ohne die Jaguare abschrecken zu können
die um uns her brüllten

Kaimane halb im Wasser liegend
in den Tiefen überschwemmter Wälder
        die Süßwasserdelphine
        die Wasserfontänen sprühen

Am Casiquiare hatte er einen Traum
da sieht er zukünftige Leser
verzückt von dicht bevölkerten Städten
voller Masten und Kutschen
hohen Schornsteinen zwischen den Palmen

und von freien Menschen bestellte Felder
dort, wo er nur undurchdringliche Wälder sah
und überschwemmtes Land

Kein anderes Fleisch als das von Brüllaffen
die Indios rudern und rudern
Moskitos, Ameisen und Wespen
die Herren jener Gegend
der Fluss immer einsamer
        5 Kanus in einem Jahr
            in einem Monat kein einziger Mensch
        200 Meilen weit vom Casiquiare
        nur zwei einsame menschliche Wesen
und wieder die Vision von einem tropischen Rhein
lärmende Landungsstege voller Masten
heulende Fabriken Verkehrsgewirr
            von Brücken gekreuzt der Casiquiare
            der den Orinoco mit dem Amazonas verbindet
                was man in Europa nicht glaubte
                und was er jetzt entdeckt hatte
doch jetzt löst der Traum sich auf
immer weiter dringen sie ein und immer bedrückender
                                    der Urwald
der zu Beginn ein Paradies zu sein schien

(Der Casiquiare heut noch einsamer
        als zu Humboldts Zeiten

Die Missionare sind fort und auch die Indios
     die Moskitos immer noch genauso groß
     es brüllen die gleichen Jaguare
und es ist wie jemand sagte
»eine der verlassensten Gegenden der Welt«)

Er kehrte ins Europa der Restauration zurück
der Alten Ordnung und gekrönten Häupter
     auf dem Balkon über der Seine
     so isoliert wie am Orinoco
Schlimmer als die Moskitos am Casiquiare
das Blutvergießen und die Geldverschwendung
Frankreich statt einer Republik zum Kaiserreich geworden
     Napoleon verabscheut ihn
     längst keine Revolution mehr
und er spricht eine vergessene Sprache
wie der Papagei am Orinoco

Obwohl nur Napoleon berühmter war als er
     »Der zweite Kolumbus« nannte man ihn
     der wissenschaftliche Entdecker von Amerika
nicht für die Unterdrückung sondern die Befreiung
     brachte er Amerika auf die Weltkarte
     und bereitete seine Unabhängigkeit vor
     Sein Freund Goethe sagte
er habe von ihm mehr gelernt als von irgend jemand anders
     und für Jefferson:

der klügste Mensch, denn er je kennengelernt hatte
Und er hatte großen Respekt vor Jefferson
                    Jefferson hatte ihm
im Weißen Haus, das noch im Bau war
von drei vereinigten Republiken gesprochen
der im Norden, Brasilien und Spanisch-Amerika
                die im Norden blieb vereint
                    und breitete sich so schnell aus, dass man Angst

                                                                bekam
                halb Mexiko gehörte ihnen schon
und Brasilien war vereint doch nicht das spanische Amerika
Würden die neuen Länder die Freiheit wählen
        fragte er sich
und Jefferson:
»Die Rivalitäten bringen Despotismus«
Der Tag, als er unangemeldet
        ins Weiße Haus kam
und Jefferson auf allen Vieren auf dem Boden antraf
und seine Enkel auf sich reiten ließ
Der Rasen des Weißen Hauses war noch Wiese
Ganz Washington noch im Bau
                eine Stadt am Rand der Wildnis
das Essen köstlich und ohne Trinkspruch
                    Die USA ein wunderbarer Traum
        Seine geliebte Republik
            das einzige Land mit Demokratie

Ein Stachel für ihn die Sklaverei
und auch für Jefferson
Beide mit dem gleichen Glauben an die Zukunft Amerikas
das die Zukunft der Kunst und Wissenschaft war
      für Schiller und Goethe
Goethe träumte vom Kanal zwischen den Ozeanen
      – den Humboldt beschrieben hatte –
war sicher, dass man ihn bauen würde
und bedauerte, dass er es nicht mehr würde sehen können

Für Humboldt lag der Wohlstand Amerikas
darin, die Zivilisation mit den Indios zu teilen
und dass es nicht diese monströse Ungleichheit gäbe
Zum Balkon über der Seine kamen die Nachrichten
      der Ruhmestaten von Bolívar
      und seinem Sturz
»Ich sah ihn oft nach meiner Rückkehr aus Amerika«
      sagte Humboldt,
»er kannte nur Venezuela und kam mir sehr naiv vor –
      der Naive war ich selbst«
Auf dem Balkon über der Seine fragte er sich:
Würden sie die Freiheit wählen?
Später sagte er zu einem Besucher:
»Sie sind viel gereist und haben viele Ruinen gesehen
      Hier haben sie noch eine«

In der Einsamkeit des Casiquiare am oberen Orinoco
der diesen mit dem Amazonas verbindet
besteht sie fort
die Vision von Schiffen, die mit Waren voll beladen
zu den Häfen aller Ozeane auslaufen
Und das geeinte Amerika von Humboldt und Bolívar ist immer
noch nicht in Sicht.

28

Tata Vasco

Für den Fall, dass ihr es nicht wisst
die Insel Utopia von Sir Thomas Morus
war Cuba.
Eine Insel »in der Form des zunehmenden Monds«
beschreibt sie der Kanzler von England
      und das Meer so ruhig wie ein See.
Die Insel von Kolumbus und Pedro Mártir und Fidel Castro.
»Sie können gewiss sein,
dass das Land allen gehört wie die Sonne und das Wasser«,
sagt Pedro Mártir
      und ohne *mein* und *dein*.
      Ein Kommunismus auf der Insel, die heute Cuba ist.
Deine unendliche Insel Cintio Vitier.
(»Sie sagten Kolumbus, es sei ein unendliches Land,
von dem niemand das Ende gesehen habe
              obwohl es eine Insel war«)
Utopia ist keine Insel der Phantasie sondern der Antillen.
Auch nicht wie etwas von Jules Verne oder H. G. Wells.
Das war kein Phantasieprodukt von Morus sagt Martínez Estrada.

Und Pedro Mártir:
            »Für sie ist es das Goldene Zeitalter
sie schließen ihren Besitz nicht ab
haben keine Gesetze noch Bücher noch Richter
bauen Mais an, Maniok, Yams wie auf der Insel Hispaniola.«

Durch Pedro Mártir und Vespucci
erfuhr Morus von ihr.

Die neue Welt hatte keinen Namen.
                    Atlantis? Inseln des Glücks? Das Paradies?
Man gab ihr Vespuccis Namen
weil sie keinen besaß
                    und so ist es geblieben.
Für Kolumbus war Cuba China und Haiti Japan
er wusste nichts von einer neuen Welt
er glaubte, sein ganzer Stolz sei der Seeweg nach Indien
der keinen neuen Namen brauchte.
Und America entdeckte nicht Amerika, er beschrieb es.
Tausend Seemeilen westlich der Kanaren:
            »Sie laufen völlig nackt umher
            ihr Haar ist schwarz und lang, vor allem bei den
                                            Frauen
            sie schwimmen wie die Fische und die Frauen besser
                                        als die Männer
            sie haben keine Herrscher noch Kriegshauptleute
            jeder ist seiner eigener Herr
            sie streiten nicht untereinander und sprechen leise

es gibt den Stand der Ehe nicht und sie paaren sich
                                wie sie belieben
sie schämen sich nicht ihrer Scham
ihre Häuser sind Hütten und sie leben in
                                Gemeinschaft
ihr Reichtum sind Vogelfedern vieler Farben
und weiße und grüne Steinchen
doch sie verachten Perlen und Gold.«

Und Don Vasco de Quiroga *(Papa Vasco)*
der als Richter seiner Majestät
des Kaisers Karl V nach Mexiko kam
kaum 10 Jahre nach dem Fall von Tenochtitlán
    – und später Bischof von Michoacán wurde –
las in Mexiko das Utopia von Morus und nahm es ernst
und verwirklichte es!
        Zweihundert Jahre später existierte sein Werk noch
und heute noch erinnern sich an ihn die Indios als *Papa Vasco*
    (obwohl man ihn in seinem Heimatort
    La Villa Madrigal de las Altas Torres
    in Alt-Kastilien nicht kennt).
Seine Vorstellung eines Sozialsystems für den ganzen Kontinent
stammte von Morus, wie er selbst es sagte
und vom Lukian der Saturnalien, übersetzt von Morus und seinem
                                Freund Erasmus
(und weshalb Pedro Mártir über Cuba schrieb).

Unglaublich, dass ein Jurist und späterer Bischof
15 Jahre nach Veröffentlichung des Utopia von Morus
das Chesterton zufolge zum Spaß geschrieben worden war
sich traute, es bei den Indios Mexikos zu verwirklichen.

Der Plan einer Republik
            für alle Indios der Neuen Welt.

Die Utopianer (Morus zufolge)
            leiden, weil alles allen gehört, an nichts Mangel
            und kennen deshalb weder Arme noch Bettler
            und die Einwohner sind reich, obwohl sie nichts besitzen
            mit dieser Gleichheit leben alle im Überfluss.
        Die Landwirtschaft von Kindheit an gelernt.
                    Sechs Stunden Arbeit täglich.
                Immer dieselben Kleider und ändern nicht die Mode.
            Es gibt kein Geld.
                            Sie verabscheuen den Krieg.
        Die Insel Utopia ohne privates Eigentum.

                Utopia des heiligen Kanzlers von England …
    Der ein Büßerhemd unter den Goldketten verbarg
    und es erst ablegte, als er vor dem Tower of London hingerichtet
                                            wurde.
            Ein großer Freund von Morus war Erasmus.
                Und auch der König.

Der König geht eine Stunde am Themseufer
mit seinem lieben Thomas Morus spazieren
den königlichen Arm um seinen Hals geschlungen
                 den Hals, den er abschlagen lassen wird.
     (Morus hatte seiner Frau gesagt
     der König habe ihn sehr gern
     doch dass er für ein Schloss in Frankreich
     seinen Kopf rollen lassen würde.)

Doch die bloß ausgedachte Utopie bei Morus
          wurde bei Quiroga eine Carta Magna für Amerika.
Die glückliche Gesellschaft der Indios
          nach dem Modell des geköpften Kanzlers.
Morus war für Quiroga
keine Gedankenspielerei sondern Anleitung zum Handeln.
          Einzigartige Tat sagt Alfonso Reyes
»Utopia« unter den Indios Mexikos zu verwirklichen

     »Ungeheuer einfache Menschen in dieser Neuen Welt
     so gleich und ähnlich denen der Republik
     von jenem Autor Thomas Morus, dem sehr klugen Mann
     mit einem mehr als menschlichen Geist …« (Quiroga an
                 den Indienrat)

»Weshalb diese hier nicht ohne viel Grund Neue Welt genannt
                                                    wird
und diese ihre Einwohner befinden sich in ihrem Goldenen
                                                    Zeitalter.«

Einer, der den Traum von Morus auf praktische Grundlagen
                                                    stellte.
Der Utopia in die Praxis umsetzte.
                    Er fand Platos Republik
                    perfekt und komprimiert in Utopia
                    und versuchte es in Amerika.
              Wie bei Plato und bei Morus das gemeinschaftliche
                                                    Eigentum.
                    Utopia, die Insel im Ozean
                    wurde von einem Genie erträumt
                    und einem anderen Genie verwirklicht.
Weder Morus noch Plato dachten je
dass ihre Republiken Wirklichkeit würden.
Doch die Utopie von Morus wurde durch Quiroga Wirklichkeit.

Ein Mann der europäischen Bibliotheken
war er es auch des Handelns.
In Mexiko Begründer einer Institution
die bei Morus noch Phantasievorstellung war.
Er liest den Roman von Morus
und seine Gesetze müssen die der Neuen Welt sein.

Richter der Krone und dann Bischof,
                                        der den Plan ersann
das Leben der Indios nach dem Konzept von Morus zu gestalten.
Die Indios auf ein
höheres Niveau zu bringen als das europäische.
                    Noch mitten in der Conquista!

»Ganz schlichte, sanfte, bescheidene Menschen
ohne irgendeinen Hochmut, Machtstreben oder Habgier.«
        Barfüßige Menschen mit langen Haaren
            nach der Art, wie die Apostel gingen.
    Die Eingeladenen zum großen Festmahl in der Neuen Welt!
Mit Lastern behaftet natürlich
doch weder hochmütig noch herrschsüchtig
mit wenig sind sie zufrieden und mit fast nichts kommen sie aus.
Dass es uns nicht eines Tages leid tun wird, sagt er
dieses Land und eine neue Welt wie diese zerstört zu haben.
So folgsame und sanfte, bescheidene und gehorsame Menschen
so weich wie Wachs wie diese
für all das, was man aus ihnen machen möchte.
Ohne Sorgen oder Angst wegen dem Morgen
mit Verachtung und Nachlässigkeit für Putz und Schmuck
barfüßig, ohne Münzen auszutauschen.
        Hätte doch Morus die Indios von Michoacán gesehen!

Als er ankam, waren sie in den Wald geflohen
vor den Verrückten zu Pferde, die nach Juwelen suchten.

Pátzcuaro zerstört, die Tempel von Tzintzuntzán verwüstet.
Die Gesichter der Indios mit Eisen gebrannt.
Das Gesicht, nach dem Bilde Gottes geschaffen,
mit den glühenden Initialen der Käufer.
Die wie Schafherden gebrannt werden müssen.
Der arme Indio allein in seiner Hütte, unbewaffnet und nackt …
                Sie brachten ihre Misshandlungen vor ihn
        und der Dolmetscher weinte, als er sie ins Spanisch
                                                übersetzte.
Er schaffte es, dass sie in ihre Dörfer zurückgehen und sie wieder
                                        aufbauen konnten.

»Wie ich bei Lukian in seinen Saturnalien gesehen habe
über jene Menschen, die golden oder goldenes Zeitalter genannt
                                                werden
wo es bei allem und für alles eine einzige Gleichheit gab …«
        »Die goldenen Menschen des Goldenen Jahrhunderts des
                                ersten Zeitalters …«
»Ich sehe in diesen ein Abbild jener des Goldenen Zeitalters …«
        »Denn nicht umsonst sondern mit viel Grund und Recht
heißt sie Neue Welt, nicht weil sie neu gefunden wurde,
sondern weil sie so ist wie die des ersten und goldenen
                                        Zeitalters …«
        »In diesem goldenen Zeitalter dieser Neuen Welt …«
        »So wie die einen den anderen dienten in dem goldenen
                                        ersten Zeitalter

ähnlich dem, das sie jetzt in dieser neuen Welt haben …«
»… in dieser neuen Welt und meiner Ansicht nach ersten
Zeitalter«
(Für ihn war das Goldene Zeitalter fast natürlich für Westindien.
Aus Eisen das der Spanier)

Er fand in den Indios Eigenschaften, eine Psychologie,
die näher am Goldenen Zeitalter war als die der Europäer.
Am Utopia.
Wie aus Wachs … Um sie zu formen wie man wolle.
Ihnen das Schlechte nehmen und das Gute lassen
und das Gute in ihnen zu noch Besserem machen.
Eine Art von Christen machen wie die der Urkirche.
Gütergleichheit wie in der Urkirche
die sich Solon, Lykurg und Plato so sehr wünschten
Es gab keine sozialen Klassen im Utopia von Morus
(wohl allerdings in Platos Republik)
Die Einen wie die Anderen gleich, und die Anderen wie
die Anderen
ohne Reiche noch Bedienstete
genau wie bei Quiroga.
Und der Traum eines riesigen Projekts eines christlichen Arkadien
»in dieser neuen Urkirche dieser Neuen Welt«
»eine sehr große und sehr reformierte Kirche«.
Die Spanier zu den Indios
wie Christus zu uns Gutes und nicht Schlechtes tuend.

Und es war gerade in DER ZERSTÖRUNG WESTINDIENS
dass er Utopia für möglich
hielt.

Von seiner Zelle aus: die Kinder im Schlamm, mit Hungerbäuchen.
Die er Latein lehren wird usw.
Wie er auch nackte Einheimische auf den Märkten erwähnt
die hinter den Futterresten her sind, die die Schweine übrig lassen.
»Nackt und barfüßig essen sie das Gras.«
Die Tarasken ohne Wohnung
und er gab ihnen Wohnungen.
Indios, die nie jemand besiegt hatte
und die sich ihm spontan unterwarfen.
Nicht die Dinge für die Indios tun
sondern dafür sorgen, dass sie selbst sie tun.
Spanier schloss er nicht aus bei seinen Gründungen
(Konquistadoren und Einwohner)
Und Indios und Spanier gemeinsam in einer Schule
damit sie sich gegenseitig ihre Sprachen lehren.

Überlegen dem von Morus Erträumten
das von Quiroga Verwirklichte.
Es gab Sklaverei in Morus' idealer Stadt
doch nicht in den wirklichen Siedlungen Quirogas.
Er führte in ihnen die Gütergemeinschaft ein.
Abwechselnd die Arbeit in der Stadt und die des Feldes.
Und auch die Arbeit der Frauen.

Und der 6-Stunden-Tag, den Morus festsetzte.
Niemand untätig und alle pünktlich bei ihren Arbeiten
doch ohne dass man sich zu Tode arbeitet
und in der Freizeit geht jeder seinen Neigungen nach.
                (So Thomas Morus in seinem Utopia)
Und der Staat war in Utopia Morus zufolge
dazu da,
auf körperliche Arbeit
soviel wie möglich zu verzichten.
                (So auch bei Quiroga)

Ein System sozialen Glücks
                        Avant la lettre
    ES WERDE ALLES UNTER EUCH AUFGETEILT
    JE NACH EIGENSCHAFT UND BEDÜRFNIS
Die Arbeit sollte erträglich und angenehm sein.
Die Kinder im Unterricht und bei der Feldarbeit
        »lesen, schreiben und singen«.

Er begann mit 2 Dutzend Indios, noch als Richter
kaufte Land mit eigenen Mitteln
in Tacubaya, 2 Meilen weit von der Stadt Mexiko
        (heute gehört es zu Mexiko-Stadt
        und dort war auch mein Studentenzimmer).
        Und dann als Bischof in Michoacán …

In Michoacán begann sein großes Werk.
In Michoacán die Fantasie von Morus Wirklichkeit geworden.
Die 54 Städte der Fiktion von Morus
versuchte er in Michoacán zu gründen.
            Adaption des utopischen Traums
                        an die praktische Realität.
Wie in Utopia und der Republik von Plato
das Land für alle und nicht nur ein paar Einzelne.

Jeder Familie ihr Haus und ihr Stück Land wie in der UdSSR.
Grundlegende Einheit die Familie wie bei Morus.
            Das Land der Tarasken war selbstgenügsam
                        und sehr fruchtbar.
        »Niemand leide Not«
was möglich war durch die gemeinschaftliche Arbeit
        »besagte sechs Stunden gemeinschaftlicher Arbeit«.
Der Überschuss
für Kranke, Waisen, Witwen und Alte.
Ein System von Siedlungen, die ihre Arbeit austauschten.
Das Bedürfnis der Einen nach den Anderen einte sie.
Im Handel und im Handwerk einte es sie.
        Die Landarbeit war Pflicht
        (die anderen zur freien Wahl).
Und er schuf die Schulgärten.
Damit schon die Kinder die Landwirtschaft beherrschten.
        Die Dörfer ohne Gefängnisse.
Ohne Todesstrafe. Wohl Verbannung.
Man lehrte sie zu herrschen und gehorchen.

Auf dem Gebiet Neu-Spaniens
die Lebensweise der ersten Christen.
Wo niemand etwas seinen eigenen Besitz nannte.
     In einer anderen seiner *Anweisungen:*
          Es soll keine Bettler und faulen Mönche geben.

Morus und Quiroga: Sozialisten.
Und Quiroga erwähnt mehrfach den *Heiligen Thomas Morus*
gegenüber dem Indienrat.
Juli 1535: der Monat seines ersten Briefs an den Indienrat
und der Monat, in dem Morus enthauptet wurde.

Die erste Bananenstaude in Mexiko pflanzte er, Quiroga,
in Tzintzuntzán (aus Santo Domingo geholt)
und er gründete Uruapan mit Zapote-Bäumen, Chicozapotes,
Limetten- und Zitronenbäumen
        Pinien, die zum Himmel streben
alles hübsch angelegt und geschmückt wie bei den Flamen
     mit so viel Sauberkeit wie in jedem Kloster
    das kann er auf jeden Fall bezeugen
      und ein anderer Zeuge
hat sie essen sehen wie die Spanier mit großer Ordnung.
So wie dieser Zeuge es gewahrte
     schienen sie ihm eher wie Nonnen
(die Indios der Tarasken).
      Griechisch wurde nicht gelehrt, wohl aber Latein
und einige sprachen es wie Kirchenleute.

Wie Morus sagte er über die Kleidung
»dass Ihr sie tragen sollet wie bisher, aus Baumwolle, weiß, sauber,
ehrlich«.
»Auch
sollet Ihr viele Vögel aus Kastilien und aus diesem Land züchten.«
Jedes Haus mit seinem Gemüsegarten
»Auch oben genannte Gärten zu Eurer Erholung.«
Die Mädchen sollten mit Wolle und Leinen, Baumwolle
und Seide arbeiten
Die Jungen konnten mit 14 heiraten
die Mädchen mit 12.
Es werden Feste, Festmähler und gemeinsame Vergnügungen
verordnet.
»… großer Saal wo Ihr gemeinsam essen und Euch vergnügen
könnt.«
In seinem Testament verfügt er: »Es soll in keinem Punkte
nachgegeben werden«.
Das Werk, das 200 Jahre währte.
Das der sozialistische – oder kommunistische? – Politiker
Toledano
– ein Katholikenschreck in meiner Studienzeit in Mexiko –
ein »schwer zu überbietendes Modell« nannte.
Und er nannte ihn außerdem den neuen Quetzalcóatl.

Heute noch nennen ihn auf den Inseln und an den Ufern
des Sees von Pátzcuaro die Tarasken *Tata Vasco*
(Tata, Vater, wird auch für Gott gebraucht)

Und Tata Vasco auch der Vater des mexikanischen
                                    Kunsthandwerks.
Er perfektionierte nicht nur das der Indios
sondern führte auch neues ein.
          Meister aus Spanien. Die Tarasken lernten alles.
In jedem Dorf ein eigenes Handwerk
            – wie es jetzt der Tourist sehen kann –
nicht einfach so oder weil es immer so war sondern
weil vor 400 Jahren
Quiroga es so plante.
          Blumengirlanden und Vögel der Lackmalereien von
                              Pátzcuaro
      sind inspiriert von Blumen und Vögeln, die Quiroga
                              zeichnete.

Er wurde Handwerker, der die Farben kannte
machte Bemalungen wie ein chinesischer Arbeiter
zeigte, wie man Gitarren und Violinen machte
konstruierte Webstühle und entwarf Webarbeiten
bemalte Tabletts.

Er entdeckte den unbekannten Menschen von Michoacán:
                              den Künstler.
        Große Gemeinschaft von Kunsthandwerkern
          rund um den See von Pátzcuaro.
Pátzcuaro mit seinen Mosaiken aus Kolibrifedern
unter Anleitung von Quiroga.
Die Handwerke auf verschiedene Dörfer verteilt

in einem Baumwolle, in einem anderen die aus Federn
die einen Holzarbeiten, andere Kupfer und Silber und Gold.
    Malerei, Bildhauerei, Agrikultur, Musik
mit ihren jeweiligen Dörfern
        die Einen auf die Anderen angewiesen
und vereint durch gegenseitigen Handel und gegenseitige Liebe.
        Alles Notwendige im Überfluss vorhanden.
Märkte an verschiedenen Tagen in verschiedenen Dörfern

um sich keine Konkurrenz zu machen.
Pfannen, Töpfe, Kessel, Bottiche aus Kupfer
        in Santa Clara des Kupfers.
Eisenarbeiten in San Felipe der Schmiede.
In Paracho Gitarren, kleine für die Kinder
oder sehr feine für Konzerte, und die gewöhnlichen, fröhlichen
                Gitarren
der Volkslieder und Ständchen und Morgenliedchen Mexikos.
Schuhmacherwerkstätten in Teremendo.
Decken und Schultertücher in San Juan der Decken.
Töpferarbeiten in Tzintzuntzán, Santa Fé de la Laguna, Tiríndaro
    (heute in ganz Mexiko)
In Pátzcuaro malte man mit Ölfarben wie in Europa.
Die Stadt Uruapan so herrlich wie die Städte Platos:
für sie waren die Lackmalereien
        sie zu beschreiben, heißt sie entweihen
die wir alle gesehen haben.
Uruapan (»wo sich die Blumen öffnen«)

und seine Lackmalerei, berühmte Lackmalerei
      Teller, Obstschalen, Truhen, Trinkbecher
und vor allem Tabletts
    zuerst die Zeichnung mit dem Messer
    dann die Details mit dem Graviereisen
    die Farben mit dem Finger eingerieben
    und *aje*-Fett, des Insekts, das *aje* heißt
    so wie sie von jeher ihre Flaschenkürbisse bemalten.
Die Blumenmuster, die der Maler sah,   45
Stilisierungen seines Gartens
Lilien, Stiefmütterchen, Margariten, Veilchen, Vergissmeinnicht
Blütenblätter aller Farben und Grün der Blumenstengel
auf schwarzem und blauschwarzem Grund, blau, gelb, rot und
                         violett:
Farben von *aje*-Käfern, die in Öl zerstoßen werden und nie
                        verblassen.

Und Pátzcuaro sein Lieblingsort, Zentrum des Kunsthandwerks.
Musikinstrumente aus Blech, Flöten,
Webarbeiten, Silberschmuck, die Kruzifixe aus Maiskolbenpaste,
              Glasbläserei
Federmosaike in den Museen
    Der Christus von Michoacán auf Gran Canaria
      »Ihre Arbeiten sind überall«
Und das Fischen der Weißfische von Pátzcuaro
auf den Inseln und den Dörfern am See
wo er ihnen zeigte, wie man Reusen und Netze macht.

Tata Vasco geht über den Markt von Pátzcuaro.
Er sieht die Stände mit Bananen, von den Bananen her, die er
mitbrachte.
Decken aus San Juan der Decken, Emaille aus Uruapan.
       Pátzcuaro ohne Bettler.

Er sieht die Tauschgeschäfte:
       Diesen Umhang gegen deinen bemalten
Flaschenkürbis

       Diese dicke Henne gegen einen Sack Mais
(In Erongarícuaro gibt es ihn noch, den Tauschhandel von
Don Vasco).

Herrlicher See von Pátzcuaro, den ich gesehen habe
himmelsfarben
der Fischer in seinem kleinen Kanu
fischt mit seinem »Schmetterlingsflügel«-Wurfnetz
     im Sonnenuntergang
       der rosa Himmel spiegelt sich im Wasser.
Er war für die Tarasken »das Tor zum Himmel«
der Ort des Eintritts ins Paradies.
     Oder wo die Götter zum Himmel auffuhren
      »was unter ihnen *Pátzcuaro* bedeutet«
Es war der Lieblingsplatz von Don Vasco.
Dort gründete er die Stadt.
     Persönlich zeichnete er die Straßen vor.

Es wird Abend.
     Der See voller Kanus
        alle mit zwei parallelen Netzen
               Libellenflügel
        Die poetischen Libellen, mit denen sie fischen.

Ein letztes Mal sah er
        den See von Pátzcuaro bevor er starb:
wie mit dem Pinsel gemalt der Himmel und der See
die Ufer mit duftenden Bäumen bewachsen
und auf dem Blättern die Millionen *ajes*
mit denen sie Blumen und Blätter malen
und über den Blumen die Vögel ihrer Flaschenkürbisse
auch mit *aje* gemalt
und die Indios singen die Stunden des Gebets

Du siehst Don Vasco noch auf dem Markt von Pátzcuaro
mit der bunten Töpferei und den Lackmalereien
teuren und billigen und Früchten und Vögel aller Farben
Gemüse vieler Düfte und so vieler Blumen
lebhaften Farben von Schals und Decken und Umhängen
und Fischen.
        Weißfische aus Pátzcuaro
          die Haut wie Silber und Diamant
                im Knoblauchsud

Erfolgreicher als Las Casas.

Ziemlich vergessen heute Vasco de Quiroga
doch nicht bei den Tarasken.
Sie nennen ihn heute noch Tata Vasco in Michoacán.

Es gibt dort eine Bodenmulde, die sein Fußabdruck im
                                                    Schlamm ist
der Legende nach.
Und der Vorübergehende setzt seinen rechten Fuß hinein
damit die Spur niemals verwischt wird.
                    Damit die Spur niemals verwischt wird.

Sprachtheorie

Wir wollten als Gruppe zusammen ausgehen
und das Telefon in meinem Hotelzimmer:
>>Wir können jetzt gehen<<
Welches Wunder die Sprache!

  4 Wörter
 Perfekter Ausdruck
 so schnell gesagt und mit welcher Leichtigkeit
  Wer hat sie erfunden, die Sprache?
 Wie hat man zu sprechen begonnen?
  Die Linguisten wissen nicht, was sie sagen sollen.

Zuerst nur Wörter
ohne Zusammenhang zwischen ihnen.
Einige werden verbunden:
zwei zusammen: ein neuer Sinn.
Drei bedeuten mehr.
 Frau Frucht Rot
 auch die Reihenfolge von Bedeutung

und schon gab es eine Grammatik
 noch ohne irgendwelche Eleganz.

Weshalb so kompliziert die Sprache?
 Wäre einfacher auch besser? Mit
einzelnen Wörter und wenig Vokabular ohne
   Syntax
wie der, der eine Sprache schlecht spricht
  »Ich wollen Avocado«
   oder *broken English*
allein stehende, vereinzelte Wörter
ohne an und ohne und
 und danach, ohne darum.
Doch nein, es wurde die Komplexität
der Sprache gewählt
  syntaktische Struktur
    grammatische Regeln und Kategorien
um die Zweideutigkeit zu vermeiden.
Die Wörter drücken uns aus.
Die Syntax ist die Beziehung zwischen ihnen
  beschleunigt die Kommunikation.
    Schlecht ist die Zweideutigkeit.

Allem gaben wir Namen
Vereinzelte Wörter ganz am Anfang.
Namen für das Wirkliche und das Erdachte.
Das Namengeben machte uns zu Menschen.

Die Tiere benennen nicht.
      Noch kennen sie ihre Namen.
Sie bewegen sich in einer wirren Wirklichkeit
ohne Gedanken, ohne Namen.

Syntax gab es nicht,
bevor es nicht viele Namen gab.
Er oder sie zu sagen
spart viele Wörter.
Der Geist entwickelte sich
um die Komplexität zu fassen.
Morphologie und Syntax machten uns zu Menschen.
Und so kann ich dies hier schreiben.
Die Gene besser zu sprechen werden vererbt
und das führte zur Evolution der Sprache.
    Immer komplizierte Syntax
um besser zu sprechen.
      Von Generation zu Generation
      die Sprache weitergeben.
Inmitten von Tieren, die nicht sprechen.
    Struktur des Hirns
    und Struktur der Sprache
      die beiden großen Geheimnisse
      (schon beim Embryo gibt es Sprache).
Okay. Doch auch wenn es einen Computer
im kleinen Kopf der Vögel gibt

ist unser Hirn, größer als es sein müsste,
der größte Computer der Welt.

Diese Zauberei der Sprache:
 Wenn wir die Laute eines Mundes hören
 die nur ein Brummen sind mit Höhen und Tiefen
 und eine harmonische Luftströmung
 erkennen wir sofort den Sinn
 und hören die einzelnen Worte
 Möchtest du auch einen MacDonald's?
 auch wenn kein Schweigen sie unterbricht
 (wenn es eine Sprache ist, die wir nicht kennen
 nehmen wir die Trennung der Worte nicht wahr).
 Und die immense Macht zu sprechen
 noch in der aller einfachsten Weise
 abwesend in den anderen Arten.
Zuerst war der Gesang.
Der Gesang gefällt, auch ohne den Text zu verstehen.
Die Kommunikation fördert die Imitation
und der Gesang wurde imitiert
und so entstand die Sprache.
Zuerst gab es Gesang
weil singen leichter ist.
Ob es ein mütterliches Schlaflied war?
 Oder ein Liebeslied?
Auf jeden Fall
war es die Liebe, die die Sprache schuf.

Oder?

Es scheint, als sei die erste Sprache der Gesang gewesen.
Wie der Gesang der Vögel und der Wale?
Die Vögel singen nicht
           sagt Robbins Burlin
noch auch die Wale. Es fehlt
der metronomische Takt der menschlichen Musik.
Es ist keine Musik, wenn es nicht gleichmäßigen Takt hat
der mit dem Tanz im Einklang steht
der sie so oft begleitet.
Wir begleiten die Musik mit dem Fuß
und nicht die Laute der Säugetiere oder die Prosa, wie er sagt.
Zur Musik klatschen wir alle gemeinsam
und wissen im Voraus den Moment, wenn auch die anderen
klatschen.
Und so geht es mit dem Tanz oder dem Militärmarsch.
Nicht einmal die Zirkuspferde
lernen den Schritt zu halten
im Galopp oder im Trab, sagt er.
Kurz und gut: Die Vögel singen nicht.
Interessant das von Jespersen:
      Die Liebe inspirierte den Gesang
      und das war der Beginn der Sprache.

Die natürliche Auslese wählte
den besten Sprecher oder besten Zuhörer

um Anführer zu sein oder einen Partner zu finden
und so geschah es über die Jahrtausende
dass die Sprache sich entwickelte.
Sprache, die nicht in unseren Genen liegt
sondern gelernt werden muss.
                    Die Kinder
kleine Linguisten.
Sprache, geschaffen in Millionen Jahren
durch natürliche Auslese.
Kleine Veränderungen, die geschehen,
von Generation zu Generation weitergegeben
bis es eine andere Sprache ist
oder auch Jargon und Dialekt.
                    Ein seltsamer Primat, der redet!

Wir sind keine Weiterentwicklung des Schimpansen
doch etwas Ähnliches
weiter entwickelt.
Und so
streiten wir, scherzen wir, bitten wir, umwerben wir
und lügen wir.

Dieses unfassbare Ding, die Sprache
    Wörter in Sätzen
                        und Sätze in Sätzen
            Subjekt   Verb   Prädikat
Äonen der Evolution der Sprache

und wir kommen schon mit Grammatik zur Welt.
Unsere letzte Evolution, die
des Larynx
die uns zum Menschen machte.
Wir haben ein »Sprachorgan«
so scheint es.
   Bei Tee und Kuchen plaudern
   entspricht nicht mehr den Affen.
Das Lächeln, die Seufzer und die Küsse: 55
   Wörter ohne Syntax
Es gibt Arten mit verschiedenen Lauten
  growls *howls*
    ein leises Zwitschern zwischen Blättern
  der Gesang der Kröten im Mondlicht
  und ihr Echo
  und ihr Echo
   nicht-symbolische Kommunikation der Nicht-
          Menschen
die sie jedoch nicht mit Syntax machen können
  die so leicht für Kinder ist!

1979 schufen die taub-
stummen Kinder Nicaraguas
versammelt durch die Revolution
ohne Zeichensprache zu beherrschen
– es gab niemand, der sie sie lehren konnte –
ihre ganz eigene Sprache

(ein Schnauzbart war Daniel Ortega)
mit komplizierter Grammatik und mit
Deklinationen wie im Lateinischen und mit
Hyperbaton
sehr vielseitigen Präpositionen und Verben
wie bei den Navajos.
Eine neue Sprache erschien
die neueste Sprache der Welt

die taubstumme Kinder erfanden.
Ein Linguist sagte: »Ein einzigartiger Fall
in der Geschichte. Wir haben die
Entstehung einer Sprache gesehen.« Und eine Linguistin:
»Ein Traum für alle Linguisten.«
         A remarkable natural experiment
                              sagte Chomsky
Bestätigung seiner Theorie
von der biologischen Grammatik
und das wir mit Syntax geboren werden.
          Die nicaraguanische Zeichensprache
          Linguisten aus der ganzen Welt
          haben diese Sprache untersucht.
Ja, wir kommen mit der Fähigkeit zu sprechen auf die Welt.
Menschsein heißt sprechen können.
Einen stummen Stamm hat es niemals gegeben.
Und es unterscheidet unsere Art
die ganze Zeit zu reden.
Wunder des Namens, der zum Ding geworden.

Ein wirkliches Geheimnis:
                ein Laut und ein Ding.
Namen der Dinge durch
die Konzepte von den Dingen.
                    Die linguistische Evolution:
Die natürliche Auslese begünstigt die,
die klarer reden
oder besser verstehen.
Diese vermehren sich vermehrt.
Gene der Sprache
(komplexe Gene)
sprechen und verstehen.
                      Die Sprache schuf das Denken
                      oder umgekehrt?
Um zu sprechen muss man denken
      und umgekehrt
mit anderen Worten
                sprechen ist denken
                denken ist sprechen
wenn wir nicht sprächen dächten wir nicht.
Nur unsere Vorfahren schafften es.
Andere sind aerodynamisch
damit sie fliegen oder schwimmen können.
Das Sprechen ist auch die Lüge, die Verleumdung
und der Krieg
(sprechen und schreiben)

Unmöglich uns mit anderen Arten zu verständigen
doch könnten wir es mit dem Radioteleskop
       quer durch den Raum
mit den Planeten anderer Sterne?

»Wir können jetzt gehen«
       wunderbare Erfindung
    wenn nicht dann
       gäbe es keine Kommunikation zwischen uns
auch nicht mit Gott.

Der Ursprung der Arten

Dass alles Leben auf der Erde
aus einer einzigen Zelle stammt:
   das große Geheimnis
Alle von einem einzigen Vorfahren
ein Universum, das sich immer noch schafft
  Auf den Galapagos-Inseln
die Finken mit verschiedenen Schnäbeln
hatten alle denselben Ursprung
doch die Inseln teilten sie
  Schnäbel wie Pinzetten für die Insekten
  spitz, um Rinden zu durchbohren
  wie Zangen für härtere Körner
  die dickeren Körner
  machten die Schnäbel dicker
Darwin dachte, dass es so vielleicht
mit allen Vögeln Südamerikas geschah
und allen der gesamten Welt
  Die ganze Evolution wie in Galapagos

Wie entsteht eine andere Art
oder die biologische Vielfalt
    Reiher Frau Libelle
    Millionen von Arten
    alle mit demselben Ursprung
das Schnäbelchen eines Vogels
ein kleines Stückchen größer
        durch kleine Veränderungen
        die unendlich große Zahl der Formen
so etwas wie eine Kuh ging ins Meer
und wurde Wal
    Fisch oder Säugetier?
    Oder Säugetier und Fisch
Für Linné ein Säugetier
mit Herz und Lunge
und Wimpern die sich bewegen
doch mit Meerestiergewohnheiten
    Landsäugetiere
    die Meeresbewohner wurden

    Durch die Anpassung an die Umgebung
    nach und nach
        eine andere Art
Fischflossen werden
zu Füßen von Skelettlosen
        weshalb ist einer Papagei
        und der andere Tiger

eine Zeitlang gab es kein Gehirn
und jetzt sind es Milliarden
es gab kein Blatt
und jetzt ist alles grün
    Aus einer einzigen Zelle
             Bäume Tiere Du
            alle Geschwister
   wir alle sind eine Modifikation eines anderen
   der Flügel des Vogels war Fuß des Dinosauriers
die natürliche Auslese trans-
formiert die Formen nach und nach
wie die Schnäbel auf Galapagos
    Die Affen in Afrika
     von denen wir abstammen
Genauso die Evolution des Auges
die sogar für Darwin
»außergewöhnlich absurd« war
   aus einer einzigen fotoelektrischen Zelle
   vierzig unterschiedliche Augenarten
doch die komplizierten Organe
stammen von kleinen Veränderungen
   die Flossen werden nach und
   nach zu Füßen
    »evolutionieren« bedeutet
    ein Pergament entrollen
   und wir können die Richtung nicht verändern

Es gibt Fossilien von Walen mit Füßen
Wale mit Vorfahren die Landbewohner waren
und die DNA zeigt uns (außer dem mit den Fossilien)
dass das Nilpferd verwandt mit ihnen ist
wie uns die DNA auch zeigt
dass wir mit allem verbunden sind
mit einem Pilz zum Beispiel
verschieden geworden durch die Mutation

und die natürliche Auslese
        Vor anderthalb Milliarden Jahren
        haben wir uns vom Pilz getrennt
        durch Variation und Erbe
näher am Pilz als an der Nelke
   und wir haben noch ein bisschen Schwanz

Aus einem so einfachen Ursprung
unendliche Zahl der Formen
gehen kriechen laufen springen schwimmen fliegen
das Geheimnis dieser Vielfalt des Lebens
alle vom selben Vorfahren
        Die Funktion schafft die Form
        und ähnliche Funktionen
        bringen ähnliche Funktionen hervor
so veränderten die Körner
die Schnäbel auf Galapagos

»Wie dumm dies nicht schon eher gedacht zu haben«
sagte Huxley als er
den »Ursprung der Arten« las
Kleine Abweichung
in jeder Generation
und von Generation zu Generation
von Gen zu Gen ist die Evolution
und es verändern sich die Schnäbel auf Galapagos
    dass so verschiedene Arten
    denselben Vorfahren haben:
    Weshalb sind Pferd und Büffel
    mit demselben Vorfahren
    so verschieden?
        Weshalb flieht der Eine
        und der Andere greift an
           und ihre Formen trennen sich
           in unterschiedliche Richtungen
Mikroskopisch kleine Algen
jetzt riesige Bäume
die Krallen werden zu Flügeln
und es flogen die Gliederfüßler

      Jede Schildkröte ist verschieden
      auf jeder Insel von Galapagos
      und stammen alle von derselben ab.

Grazile Gazelle berührt den Boden kaum
Faultier mit krummer Sichelkralle
leichter Schmetterling im Blütenkleid
langhalsige Giraffe mit unterschiedlich langen Beinen
      Unter großer Lebensvielfalt
      alle gleich
Delphinflosse und Fledermausflügel
die Frauen säugen wie die Seehunde

Es gibt sie durch den Austausch der Gene
die biologische Vielfalt
– Darwin wusste es nicht –
alles eingebaut in die DNA
in den Genen kodifiziert
die wie wir inzwischen wissen
Rezepte sind um eine Leber zu machen
      ein Herz
und jede Zelle kennt ihren Platz
seit 4 Milliarden Jahren
die ersten 2 nur Mikroben
      Von daher
die Notwendigkeit des Zeitablaufs
      dass die Zeit vergeht
wenn nicht, dann gäbe es keine Evolution
      und keine Zukunft
      DNA unser Adam

Der Kosmos ist natürliche Auslese
    und ein bisschen Zufall
        (es gäbe keine Evolution
        wenn alles Zufall wäre
        oder wenn es keinen Zufall gäbe)
Und schließlich und endlich
ist der eigentliche Ursprung
    das subatomare Teilchen
Die unbelebte Materie wurde lebendig
2 Millionen Jahre nur Bakterien
und es schien, als würden sie sich nie entwickeln
    Das Wasser bedeckte die ganze Erde
    und das Leben war unter dem Wasser
    die Evolution war die der Mikroben
    und sie ist heute noch mikroskopisch
(die Bakterien in deinen Därmen
die von Antibiotika verändert werden)
    Die einzellige Alge wurde Wald
    und es entwickelten sich Wurzeln und Flügel
    Der Schritt von den Flossen zu den Füßen
    und vom Leben im Wasser zum Leben an Land

Gemächlicher Ameisenbär
mit spitzem Vogelschnabel
    und einem Haarball als Schwanz
der Pfau ein schillernder Sonnenkönig
aufgeblasen wie ein Luftballon

das vorsichtige Cuautelo
das vorgibt, Jaguar zu sein
lächerliches Schnabeltier
mit seinem Entenschnabelmaul
der Elefant hebt
seinen Rüssel wie eine Trompete
das Zebra im Sträflingsanzug

66   Wir gleichen uns so sehr
dass wir in Wirklichkeit
Variationen des gleichen Themas sind
unser Kopf ist vom Wurm
oder »wir sind alle modifizierte Haifische«
der Verdauungsapparat eines Elefants
identisch mit dem einer Bakterie
die Zähne, mit denen ich eine Languste esse
sind wie die Zähne einer Languste
die unsichtbaren Gene eines Insekts
sind die unseres Körpers
was sich nur erklären lässt
durch die Evolution

Alles, was er von der *Beagle* aus sah
oder unter seinem Mikroskop in England
und was er in Tausenden von Briefen erhielt
Er bekam nicht viele Fossilien zu sehen doch
jedes Fossil war ein verlorenes Glied

und die ganze Erde ein großes Museum
   Er schrieb nie über Religion

Insekt Vogel Reptil Lilie Einstein
weil alle Veränderung langsam vor sich geht
scheint jede Art ohne Veränderung
doch das ganze Leben ist ein einziges Leben
und in ihm gibt es nur eine Fleischwerdung

   Die Faule-Blatt-Grille
   Jaguar mit schläfrigen Augen
    Tintenfisch mit seinem Diadem aus Edelsteinen
Eidechse in Dinosaurierform
perverse Wespe kopuliert mit einer Orchidee
   das Dromedar auf Knien
         mit seinem Buckel huckepack
   die Kröte in ihrer Pfütze: Krö te Krö te
der Reiher mit dem Engelskörper
      und dem Schlangenhals
   die Ameise, die ihr Riesenblatt daherschleppt
    und der flügellose Flug des Kolibri
Die selbe DNA geteilt
mit allen Tieren
   und unsere Hände und Füße
   von amphibischen Fischen und Reptilien
alles aus dem Urknall entstanden
noch nicht vollendeter Kosmos

und jeden Tag findet der Urknall statt
geht die Schöpfung-Evolution weiter
entfernt sich immer mehr vom Nichts

Meinen Körper hast du aus einem Wurm geformt
und dann aus einem Fisch
Kosmos mit Bewusstsein und Transzendenz
das kosmologische Wunder
der menschlichen Gegenwart im Kosmos

Aus dem Ei einer einzigen Zelle
das Tier aus Billionen von Zellen
und die Zelle weiß ob sie Auge wird
oder Zunge wird
eine Handvoll Zellen werden
Vogel der fliegt

Darwin spricht auf den 600 Seiten
des »Ursprung der Arten«
von den Modifikationen
der Arten nicht ihrem Ursprung
der Ursprung ist ein Geheimnis
das des zerbrechlichen kleinen Lebens
in der unendlichen Weite toter Welten
Schmetterling Blume Kolibri
Mädchen Taube Wal

der Ursprung ist die Liebe
in verschiedenen Formen

Die Dohle hüpft und hüpft
        läuft hüpfend
    die Spinne mit luftfarbenen Beinen
    spinnt ihr Netz aus luftfarbenen Fäden
Leguan mit chlorophylfarbenem Tarnkleid
Feldblume mit Parfümduft aus Paris
    Schwarm von Silberfischen
        wie ein Stück Meer
        Wasserpflanzen wie Balletttänzerinnen
            geschmeidige Katze liegt
            auf dem Küchenboden
lebhaftes Schwatzen der Affen
und die in Granada, die Carmen hieß
ein Frosch auf einem Blatt
Mein Gott, welch ein Geheimnis
Alle von einem selben Vorfahren

Garten mit verschiedenen Grüns
am Boden winzig klein
und in verschiedener Höhe
        Grüntöne, aus denen Blüten sprießen
        in vielen Farben und Formen
wie kann aus einer einzigen Pflanze
diese ganze Pflanzenwelt werden?

Die neue Vision Darwins:
dass die unendliche lebendige Schönheit
einen einzigen Ursprung habe
und einen so einfachen Ursprung

Gibt es eine besondere Art
mit einer besonderen Bestimmung?
(Fragezeichen)
        Von den Jägern und Sammlern
        zur globalen Zivilisation
        – die Jüngsten in der Evolution –
Bestimmung die Gott-Evolution ist
ein Gott der die Ewigkeit verlassen hat
und in die Zeit gekommen
und die Zukunft ist?

        Die unendliche Zukunft Gott genannt
        ein Gott der Gott des Neuen ist
        das unendlich Neue der Evolution
        Evolution gegen den Status Quo
        den die Bankiers sich so sehr wünschen

»Gott«: unvollkommenes Konzept
so wie es auch das Elektron ist
ohne dass deshalb das Elektron nicht wirklich wäre
Die Erklärung des Holocaust:
dass er um zu erschaffen aufhörte Gott zu sein

Schöpfung als *Kenosis* (Entleerung
von Gott) machtlos gegenüber Pinochet
  Und ein nicht menschenähnlicher Gott
  doch mit dem ich mich unterhalten kann

Sehr viel gemeinsam als Säugetiere
und sehr viel gemeinsam mit dem Fisch:
die gleichen Augen und die gleiche Leber
  Größer noch die Einheit im Embryo:
  vierbeinig und Fisch das Embryo noch
  obwohl dann später ohne Krallen

Das Leben ging an Land
und begann zu laufen
gestützt auf Flossen
 wie auf Krücken
   vom begrenzenden Wasser
   in die grenzenlose Luft
wenn ein Teich austrocknet
 dann überlebt man
indem man zu einem anderen Teich läuft
  und so wurden die Flossen zu Füßen

Das große Geheimnis des Lebens
dass wir alle den selben Ursprung haben
und dass so verschiedene Körper
aus einer einzigen Zelle stammen

alle Arten miteinander verwandt
  von den Orchideen zu den Würmern
  Bakterie nach und nach zum Dinosaurier
  dann wurde der Dinosaurier Vogel
  auch unser Vorfahr, das Weichtier
   Es gibt nur ein einziges Tier
In einem nicht-lokalen Quanten-Universum
wo wir trotz riesiger Entfernungen
miteinander in Verbindung stehen
   Wird da die Vernichtung
   das Ende des Universums sein?

Die Evolution eint uns alle
Lebende und Tote
Was Darwin entdeckte
  (dass wir aus einer einzigen Stelle stammen)
ist, dass wir miteinander verwoben sind
  wenn einer aufersteht
  erstehen alle auf.

Sage vom dritten Schimpansen

Wir stammen nicht vom Affen ab sondern
wir sind auch Affe
       Erst heute weiß man es
       (die, die es wissen)
       dass 99 % der Gene
       vom Schimpansen und von uns
       geteilt werden

Es gibt drei Schimpansenarten: den gemeinen Schimpansen
den Zwergschimpansen aus dem Kongo (oder Bonobo)
und uns
       die jetzt dritter Schimpanse genannt werden
– der menschliche Schimpanse –
       nur 1 % der Gene unterscheidet uns
       weshalb wir uns trennten wissen wir nicht
       die anderen sind noch auf den Bäumen
der Traum zu fallen, weil wir von den Bäumen stammen
  aufrechter Gang und größeres Gehirn

weniger Haar und die Fähigkeit zu sprechen
wegen des 1 %
– das menschliche Tier –
99 % Schimpanse in unseren Genen
mit der unsicheren Zukunft des Schimpansen
Wird die Menschheit aussterben
und die Welt den Kopffüßern gehören?
Wir hörten auf Affen zu sein
und wurden Menschen
der Affe, der spricht
der Affe der Wolkenkratzer baut
sie sind immer noch behaart
wir haben Haar verloren
Wie wurde der Affe zum Menschen?
Bei 99 % identischer Gene
ist der Unterschied doch sichtbarer:
Der Kopf aufgebläht wie ein Ballon
flaches Gesicht Nase und Kinn vorstehend
kürzere Arme längere Beine
kleinere Zähne als seine Vorläufer
im Schoß des üppigen Miozän
entstammten wir denen, die auf die Bäume stiegen
sie stiegen besser
doch wir gingen besser
Die Sprache begann
als jemand einen anderen verstand
Unser einziges menschliches Merkmal

der in Worte gefasste Gedanke
Das Tier denkt, ohne es sagen zu können
Vom Primaten der nicht spricht wurden wir
zum Primaten der nicht zu sprechen aufhört
Beim Vergleich mit anderen Tieren
sehen wir den Unterschied sprechen zu können
die Sprache gibt den Dingen ihren Namen
ohne den die Dinge nicht real sind
wir bewegen uns unter ihnen wie im Traum
Ohne Worte ist die Welt chaotisch
Ohne Sprache gäbe es keine Landwirtschaft
keine Kultur noch Wissenschaft noch Städte
alles haben wir durch die Sprache

Der mit dem anderen geteilte Gedanke
war ein soziales Band wie das Entflöhen
sich unterhalten gleichbedeutend mit dem Entflöhen
        Es gibt nur eine Art die spricht
Zuerst ein ohne Plan behau'ner Stein
und dann mit großer Präzision
das war nicht möglich ohne Worte
Auf die Jagd gehen schuf die Sprache
und auch den Stein behauen
was das Gehirn vergrößerte
        größeres Gehirn
        bessere Jagd
        besseres Behauen
Mit größerem Gehirn wird das Universum klarer

Der menschliche Rachen konnte sprechen
und sprach die erste Sprache
die sich in 6 tausend teilte
verschiedene Ansichten der Wirklichkeit
      Es existiert kein Stamm, der stumm ist
      Und es gibt keine steinzeitliche Sprache
      jede Sprache kompliziert
      Plato genau so wie ein Hirte
      keine Sprache primitiv
        und keine ist modern
    wie es keine moderne Biene gibt
Homo sapiens begann zu sprechen
mit Bewusstsein Phantasie Erinnerung
      ihren Ursprung zu erforschen
      wurde in Paris verboten
      denn er war nicht zu ergründen

Das Sprechen entstand nicht nach und nach
ist bei den Tieren nicht einmal im Ansatz da
sondern tauchte anscheinend aus dem Nichts auf
die Kinder werden mit allen Grammatiken geboren
      und die tauben Kinder Nicaraguas
      erfanden ganz alleine eine Sprache

Es mag ein Grunzen mit besonderer Bedeutung gegeben haben
und dann wurde das Grunzen wiederholt

Erst war es ein Geschrei
dann Zwiegespräch
Ein Instinkt wie derjenige der Spinne, die ihr Netz webt
oder der Vögel, die sich von Sternen leiten lassen
und deshalb ist es ein Geheimnis
     oder wie ich diese Verse auf der Maschine
     diese Laute moduliere die ich ausstoße
     die musikalische Luft, die aus mir dringt
     mit Wörtern die sich in der Luft verlieren

Einzelne Wörter verbanden sich
fügten *doch auch dann* zusammen
die Ordnung gab ihnen Sinn
     Subjekt Verb Objekt
     Frau tötete Schlange
Erst waren es nur einzelne Wörter
die sich danach vereinten
und das vereinte die Gemeinschaften
Kein anderes Tier hat dies vermocht
einzig der dritte Schimpanse

    Der Schritt vom Affen zum Menschen
    nicht mehr das Gesicht vom Affen
    sondern vom Affenbaby
In Afrika verloren sie den Schwanz
weil sie nicht mehr auf Bäumen lebten

Als wir von den Bäumen stiegen
begann uns das Gehirn zu wachsen
mehr als es nötig war
        Wir stiegen von den Bäumen
        und konnten besser gehen
        und hatten weniger Haar

Die erste Technologie war dann das Feuer
um es versammelt alle sicher
        der Wolf schon Hund geworden
Dann gab es immer mehr Werkzeuge
nicht nur aus Stein auch aus Metall
und es tauchen Pfeil und Bogen auf
mit den sinnlichen üppigen Venusfiguren
und den Entdeckungen der Höhlen

Dann gab es eine weitere Revolution
mit Siedlungen die überall entstanden
und es kamen die Ungleichheit die Hierarchie
        Jäger und Sammler
        hatten kein Eigentum
        und alle waren gleich
Das Töten kommt nicht vor in unseren Genen
wohl aber das Zusammenwirken
über Millionen Jahre waren wir Jäger
und Jagen war Zusammenwirken
war auch die Beute zu verteilen

Die Landwirtschaft brachte den Reichtum
und der Reichtum die Waffen
(vor gerade mal 10 000 Jahren)
und kommt nicht vor in unseren Genen
Ohne gegenseitige Hilfe keine Gesellschaft
Warum wegen des Bienenstocks sterben
Und ohne Selbstlosigkeit keine Evolution
Die Erde füllte sich mit Feldern und mit Dörfern
und bald darauf Nationen und Imperien

Vor den Menschen schienen die Affen
in einer Sackgasse zu stecken
Einige blieben in den Wäldern Afrikas
der dritte Schimpanse hat die Welt erobert
hat Chartres und die Sixtinische Kapelle gemacht
und beginnt den Weltraum zu erforschen
        spricht mit den Sternen
        die bisher noch nicht antworten
hat den Big Bang entstehen sehen
aus dem alles entstand und er entstand
        und wie ein Säugling zu seiner Mutter
        stammelte er plötzlich zu Gott.

Elegie für Cristina Downing

Cristina, Cousine meiner Mutter,
war damals fünfzehn Jahre alt
    mit schmaler Taille
    dünnen Beinen, weiß ich noch
    und ich war sieben Jahre alt
       das war die Ära
       von Doña Carmela Noguera
       schrieb Joaquín Pasos
           (Doña Carmela, die
           von den Schulfesten
           wo als Schülerin
           Cristina so brillierte)
und es war die Ära von Greta Garbo
Lindbergh Babe Ruth Chaplin
       Muse der Dichter der Avantgarde
    sie blieb nicht immer fünfzehn
    und ich auch nicht

in den letzten Jahren
zwischen vier Wänden
erinnerte sie sich an nichts mehr
nicht einmal daran, wer sie war

Babe Ruth der mit den *Home Runs*
war als ich ein Kind war
    vielleicht weißt du nicht mal, wer das ist
er starb vor langer Zeit
Die Dickinson sagte:
Wenn ich nicht mehr lebe
gebt dem mit dem roten Brustfleck
einen Krumen zu meinem Gedenken
    Merton starb
die Sterne werden sterben ohne Wärme
kalt wie alles um sie
und Eliot: »Alle fallen ins Schwarze«
    Auch die schwarzen Löcher verschwinden.
In meiner Dichterwerkstatt
mit krebskranken Kindern
schrieb ein Kind
über unheilbare Kinder
die darauf warten, dass sie an der Reihe sind
    Wir alle im Kosmos warten
    dass wir an der Reihe sind.

Waisenkinder in der mechanistischen Welt
dem Unfall und dem Zufall ausgeliefert
      der Ford, in den ich steige
      kann der des Todes sein.
Was ist das Leben
      aus Teilchen gemacht
      Elementarteilchen
      die nicht lebendig sind?

»die Welt ist wie sie ist«
sagen wir alle
die Quantenmechanik hat bewiesen
dass sie nicht ist wie sie ist
sonst würden die Computer nicht funktionieren
      Genauso wie wir altern
      sollten wir auch entaltern
        es gibt keine Symmetrie
      diese Asymmetrie der Zeit
        wo kam sie her?
Woher kommen wir
Kinder der Zeit
inmitten vergänglicher Schönheit
beständige Schönheit ersehnend?

Wenn es Gott gibt, dann sind wir unsterblich
      und wenn es ihn nicht gibt, sind wir's nicht
      so oder so

eine andere Alternative gibt es nicht
als ewig zu sein
oder auf ewig nicht zu sein
entweder Ewigkeit oder nichts etwas anderes gibt es nicht
nur das bisschen Zeit, das wir am Leben waren
nur diese schon vergangenen Tage
und es wird niemals mehr noch etwas geben
nichts mehr für alle Zeit
nicht sein für alle Ewigkeit

Eines Tages wandte sich
das Bewusstsein sich selbst zu
Bewusstsein von sich selbst
und leider auch
von seinem Tod
Einziges Tier, das weiß, dass es stirbt
Es musste Bewusstsein geben
das das Universum erkannte
Und als es das Universum erkannte
erkannte es, dass wir sterblich sind
Die Entstehung des Bewusstseins
war eine neue biologische Daseinsform
Nicht nur erkennen sondern sich selbst erkennen
nicht nur wissen sondern wissen, dass man weiß
Die Gewissheit des Todes
als Frucht dieses Fortschritts

Die Tiere erkennen
doch nicht sich selbst
sich selbst erkennen
hieß erkennen, dass wir sterben
 Das Bewusstsein eine Gefahr für unsere Art
 Trotz der Gewissheit des Todes zu überleben
 und dennoch nicht auszusterben

Jäger und Sammler
in den dunklen Wäldern
 ohne Ärzte
das geringste Unwohlsein
machte Panik
  und unter Löwen
  schutzlos und nackt
  wandelndes Futter
 er pflückte die Beeren
 nach allen Seiten schauend
 sich vor dem Tode fürchtend
  und sah die herrlichen Sterne
  und verstand sie nicht
  was mochten sie sein?
Jäger und Sammler
sich ihres Bewusstseins bewusst
 sich des Todes bewusst

es starb der verwundete Hirsch
und der ihn tötete wusste
dass auch er sterben würde

Dort oben zwischen den Zweigen
gab es keinen Tod
der Affe ist im Jetzt
ganz intensiv
ohne Vergangenheit
noch Zukunft
Noch gibt es den Tod für die Kinder
wer wäre für immer Kind!
Als ich vier Jahre alt war
tötete ich einen Sittich mit einer Kokosnuss
und schrie wie am Spieß deswegen
(so lernte ich den Tod kennen)

In den dunklen Wäldern
wo alles geschehen kann
ist der Tod die einzige
Gewissheit die wir haben
Seit es die Menschheit gibt gibt es auch
Religionen
Aberglauben wenn du willst?
Oder war es
vielleicht Glaube

So starben wir nicht aus
im Wissen, dass wir sterblich waren

Gott gibt es oder das Universum ist absurd
Und wenn es ihn nicht gibt, dann sterben wir für immer
       In diesem Sinne wär die Transzendenz
         eine Anpassung der Evolution im Geist
         oder ein Abwehrmechanismus unserer Art
         gegen den lähmenden Effekt des Bewusstseins
         unseres Todes
               So überleben wir
Religion oder Aberglauben
       immer war es der Glaube
an die Unsterblichkeit

Der Tag wird kommen
da gibt es keine Astronomie mehr
und der Himmel wird leer sein
die Galaxien treiben auseinander
und bleiben ganz allein
ohne eine andere in Sichtweite
während die Sterne erlöschen
und wenn der letzte erloschen ist
wird alles dunkel sein
       (das ist keine Science Fiction)
Wenn die Sache so aussieht
dann gibt es in diesem Kosmos keine Rettung

außer
einem biologischen Wunder
– die Fleischwerdung –
Eine biologische Evolution
die mit Gott endet

Wir sind ein einziger Leib
der von einem, der auferstanden ist
von den Toten
   Die Menschheit ist eine
   organisch eine einzige
   wenn einer aufersteht
   auferstehen alle
»Wenn er nicht auferstanden ist, dann sind wir aufgeschmissen«
1. Korinther 15, 17
Die Evolution hat eine Richtung
die Vereinigung des Universums:
die Liebe einer Menschheit ohne Einsamkeit
unvereinbar mit dem vollständigen Tod
Alles vorherbestimmt und deshalb heißt es:
»Damit die Schrift erfüllt werde«
Es wurde nicht geweissagt, weil es geschehen würde
sondern geschieht, weil es geweissagt wurde
   Alle werden auferstehen
   die ein Einziger sind
   in einer vergangenen zukünftigen Gegenwart

Cristina Downing

DU BIST GEGENWÄRTIG!

Oder vielleicht wird es sein, als ob man neu geboren würde:
ein neues Leben in einem neuen Universum
Die Schrift sagt
er musste sterben
um aufzuerstehen

Sehnsucht nach Venedig

Und ich sah Venedig wieder
     diesmal mit Cintio Vitier
          und seiner Frau Fina
Venedig war völlig überschwemmt
       Gehsteige und Plätze standen unter Wasser
man gab uns allen hohe Gummistiefel
die bis zu den Knien reichten
»Das ist, als liefen wir in einem Traum«
sagte Cintio zu mir.

Das Schöne einer Stadt ohne Straßen
oder wo die Straßen aus Wasser sind
auf denen *vaporetti* fahren, die uns nass spritzen
Diesmal brachte man mich auf dem Lido unter
wo jetzt keine Saison herrschte
     die Liegestühle alle weggeräumt

Das Hotel
aus »Der Tod in Venedig« von Thomas Mann
wo man grad diesen Film gedreht hatte
                    Der Lido gefiel mir nicht

Die große Piazza nach geröstetem Kaffee duftend
und wo Touristen Tauben füttern
graublau weiß schillernde

                    der Weizen, den sie ihnen geben, ist sündhaft teuer
da bringt man besser selbst das Brot mit
sagt der Fremdenführer
                    für die Tauben ist's das gleiche
überall auf dem Platz werden Fotos gemacht
vor allem Fotos mit den Kindern
die Taube sitzt auf ihrem Kopf

In einer Schneiderwerkstatt gab man uns Spargel
                    große weiße Spargel
frisch auf irgend einem Feld geschnitten
jemand war mit jenem Schneider wohl befreundet
                    und es war die Zeit der Ernte

Die lange Abenddämmerung über der Lagune

Gesang der Glocken von den Glockentürmen
                    Geranien auf den Balkonen
                    rosafarbene Türme mit Zypressen

Gezwitscher in den Gärten
vielleicht Nachtigallen
Darío hätte sie erkannt glaube ich
vielleicht auch nicht

             und ich bin
aus einem Land wo es keinen Frühling
und keine Nachtigallen gibt

Der *Canale Grande* und die *palazzi* algenbedeckt
dort, wo sie das Wasser beleckt
herrliche Paläste, an denen die Farbe abblättert
        der Putz abbröckelt
              leicht zur Seite geneigt
doppeln sich im Wasser die Paläste
Pfähle wie von Barbierläden am Tor
        vielleicht auch eine Gondel dort vertäut
                         und doppelt sich
Paläste in der Farbe von Melonen
        Mandarinen Schokolade

Über den Kanälen der armen Viertel
sind Kleider zum Trocknen aufgehängt von Haus zu Haus
von einer Seite des Kanals zur anderen
        die Farben von Hemden und von Unterhosen
        zittern auch im Wasserspiegel

wunderschöne, schmutzige Kanäle in der Farbe von Salat
mit Blättern von Salat in ihnen
     kleine Brücken über den armen Kanälen
      Geranien auf den Balkonen
        die Gärten liegen innen

Alle Gondeln schwarz gestrichen
wegen eines Gondelgesetzes
und alle sehen gleich aus
      begräbnistraurig wie die Särge
so war auch Pounds Begräbnis
       in schwarzer Gondel
und wir gingen sein Grab besuchen
      wo wir frische Blumen fanden
ein Inselchen der Friedhof
den ein Franziskaner hütet
völlig leer an diesem Nachmittag
obwohl die Blumen frisch waren
international bekannte Namen
Strawinsky zum Beispiel
    auf den benachbarten Gräbern
In der Nähe war die Glasfabrik
      wenn ich mich recht erinnere
wo man uns zeigte, wie man
den Glasspiegel macht, der dort erfunden wurde

Viel mehr Touristen jetzt
als damals als ich zum ersten Mal herkam
im Jahre 1950
                    Überall gebratene Sardinen
spaghetti al olio und Meeresfrüchte aus der Adria
das Fleisch ist schlecht, besser der Weißwein
ein kleines Glas vor einem
ist für den Wein
                    Pound trank fast keinen
er liebte das italienische Eis

»Die Zeit ist das Böse. Böse«
                            sagte Pound
in einem guten Universum
ist die Zeit das Böse
                    das Böse

Miss Universum die ganz faltig wird
        die Zeit ist grausam
                    wie Don Pedro der Grausame
        Ignez de Castro hingerichtet
        und dann der verweste Leichnam
        dem ganzen Hofe vorgeführt
IST BÖSE
ich sehe die Zerstörung an denen meines Alters
        niemals geht sie zurück
sie ist Altern und Tod

der Pfeil geht nur in eine Richtung
           die des Todes
das geschriebene Wort ist dafür, dass es bleibt
       denn alle sterben wir
deshalb die Druckereien so beschäftigt

Und da sind auch
die U-Boote und weißen Kriegsschiffe der NATO

Heimweh ist
dort sein zu wollen, wo man nicht ist
wie zum Beispiel jetzt Venedig
nach so vielen Jahren
       Doch die Zeit schickte es in die Vergangenheit.

Insektenschicksal

Ich lag in meiner Hängematte
    Und sah die weiße Wand an
und dachte an wer-weiß-was
und plötzlich dann ein schwarzer Fleck dort an der Wand
und ein schneller Salamander
der wer-weiß-woher gekommen war
        lief zuckend auf ihn zu
bewegte sich an der steilen Wand wie auf ebenem Grund
    und dann war da kein schwarzer Punkt mehr
      und er lief fort.
Mir gefiel das.
Er aß ihn so wie auch ich esse
wie wir alle essen, und wie
Christus aß bei fröhlichen Gelagen mit Sündern
Und auch er selbst gab sich als Nahrung hin.
Das gefiel mir.
    Alles ist Nahrung im Kosmos.

Und dann, dann war da wieder nur die weiße Wand.

Notizen

I

Es wird Tag
Der See grau mit kleinen Wellen
Drei Inseln
– gegenüber –
verschwommen durch den Regen:
grau die hintere
grüngrau die mittlere
zartgrün die vordere
Ein großer weißer Reiher fliegt langsam
Mehrere schwarze Vögel ziehen schnell vorbei

II

Die rosa-weiß-gelben Wolken
(nur ein bisschen verschwommener
als die darüber)
im Spiegelglas des Sees

III

    Die Ruhe dieses Sees
              silbern und blau
eher silbern als blau
    Die Vulkane in der Ferne zartblau
    Oben wie verschneite Gipfel
           oder Rasierschaum:
ihr Widerschein im See
das was ihn silbern aussehen lässt

Glocken in Managua

Es ist fünf
Uhr nachmittags
plötzlich erklingen in
meinem Garten die Glocken
von San Agustín
    sie klingen
    sie klingen
    sie klingen
  wiederholen
denselben Klang
klingen
wie die von San
Agustín
    schweigen
      und dann singt ein Vogel

Ernesto Cardenal

wurde am 20. Januar 1925 in Granada/Nicaragua geboren. Sein Literaturstudium begann er in Managua und setzte es 1942–1946 in Mexiko fort. Schon seine ersten literarischen Arbeiten waren geprägt von der Geschichte und politischen Gegenwart Zentralamerikas. Von 1947–1949 studierte er an der Colombia-University New York, anschließend reiste er zwei Jahre durch Europa. 1954 beteiligte er sich an der »Aprilrevolution« gegen Somoza, die vorzeitig verraten wurde und mit dem Tod vieler seiner Freunde endete. Am 8. Mai 1957 begann Cardenal sein Noviziat im Trappistenkloster Gethsemany/Kentucky (USA) unter dem Abt Thomas Merton; 1961–1965 studierte er Theologie in Guernavaca (Mexiko) und La Ceja/Medellin (Kolumbien). Hier entstanden die »Psalmen« die bis heute zu den wichtigsten Werken Cardenals zählen. Nach seiner Priesterweihe in Managua kam Cardenal zusammen mit William Agudelo und Carlos Alberto am 13.2.1966 nach Solentiname, um eine christliche Kommune zu gründen. In dieser weltberühmt gewordenen Gemeinschaft aus 38 Inseln im Großen See von Nicaragua entstand sein »Evangelium der Bauern von Solentiname«. 1970–1971 unternahm Cardenal Reisen nach Kuba, Peru und Chile, 1973 in die BRD und die USA. Mit dem Beginn der Revolution im Oktober 1977 ging Cardenal ins Exil und wurde Sprecher der FSLN der Sandinistischen Befreiungsfront Nicaraguas. 1979, nach dem Sieg über Somoza, wurde er Kulturminister des Landes, 1980 bekam er den Friedenspreis des Deutschen Buchhandels. 1989 veröffentlichte er sein Opus magnum »Cántico Cósmico« (Gesänge des Universums). Am 24.10.1994 gab er seinen Austritt aus der FSLN bekannt.
Mit Sergio Ramirez und Gioconda Belli gehört er zu den Gründern einer neuen Partei, die mehr innerparteiliche Demokratie einfordert. Er lebt als Schriftsteller in Managua.

Lieferbare Werke in deutscher Sprache (alle im Peter Hammer Verlag):
Gesänge des Universums/Cántico Cósmico (1995), *Das Buch von der Liebe* (Neuausgabe 2004), *Verlorenes Leben* (Erinnerungen Bd. 1, 1998), *Im Herzen der Revolution* (Erinnerungen Bd. 3, 2004), *Niemand ist mir so nahe* (Gedichte 2005), *Zyklus der Sterne* (2006), *Psalmen* (Neuausgabe 2008), *Transitreisender* (2008), *Wieder kommst du zu mir wie Musik* (2010), *Aus Sternen geboren. Das poetische Werk* (2012) und *Diese Welt und eine andere* (Essays 2013).

© Ernesto Cardenal
© Peter Hammer Verlag GmbH, Wuppertal 2014
Umschlag: Magdalene Krumbeck
Satz: Graphium Press, Wuppertal
Druck: Westermann Druck Zwickau GmbH
ISBN 978-3-7795-0511-2
www.peter-hammer-verlag.de